AF283750

03

CROMOS

EL HOLANDÉS
VOLADOR

▷◁ altamarea

Primera edición en esta colección: abril de 2026
Título original: *Cruijff. L'olandese volante*

© Davide Steccanella, 2023
Garrincha Edizioni è un marchio di
© Marotta&Cafiero editori srl presso «La Scugnizzeria»
Via Circum.ne Esterna 20/A 80017 – Melito di Napoli
garrincha@marottaecafiero.it
© de la presente edición: Altamarea Edición de Libros SL
altamarea.es
altamarea@altamarea.es

Diseño de la colección: Sara Maroto Hebrero y Olatz del Arco

ISBN: 978-84-10435-95-7
DL: M-6581-2026

Impreso en España por Estugraf en marzo de 2026

DAVIDE
STECCANELLA

Cruyff

EL HOLANDÉS
VOLADOR

Traducción de
Gabriel Delgado González

Davide Steccanella (Bolonia, 1962) es abogado y periodista. Autor de más de una docena de libros, entre los que ha publicado de temática futbolística destaca *Leggendarie! La storia del calcio in 50 partite* (2024).

El tercero en discordia

El jueves 24 de marzo de 2016 falleció mi padre, rodeado de su familia. […] Pero la familia comprende perfectamente que Johan no es solo nuestro, sino de todos. Por eso estamos muy agradecidos al FC Barcelona por estar a nuestro lado y por permitir que se realizara en el estadio su acto de recuerdo.

JORDI CRUYFF,
29 de marzo de 2016

El fútbol es un deporte de equipo donde las victorias se consiguen entre once y no gracias a «un solo hombre al mando», como podía hacer Fausto Coppi en una disciplina individual de las más populares, pero hubo algunos fuera de serie que supieron marcar la diferencia, permitiendo que sus otros diez compañeros entraran en la historia, algo que probablemente no habría ocurrido sin el talento de aquellos.

Es por eso que uno de los «deportes» más populares entre los aficionados es hacer un referéndum cíclico para determinar quién ha sido el mejor futbolista de la historia, y al final del «siglo breve»,[1] antes de la llegada de los nuevos ídolos de los años 2000 (como Cristiano Ronaldo y Lionel Messi), eran tres los nombres que una y otra vez se disputaban la palma del más grande de todos los tiempos.

Los tres se desempeñaban en el campo en la posición mágica por antonomasia, la que desde siempre ha dado forma a los sueños de los hinchas de todo el mundo: la del mediapunta que sirve el juego a aquellos que están por delante pero es, a la vez, capaz de marcar goles memorables; una función generalmente asociada a la mítica camiseta número 10 que vistieron tantos de los «cromos» que han hecho la historia del fútbol, aunque en el caso de Cruyff, como veremos, no fue así.

De aquella tríada, dos salieron de Sudamérica, porque allí suele brotar el talento más puro. El primero era un brasileño apodado Pelé, el indiscutible *O Rei* de los años sesenta, que al final de la década, después de ganar su tercer Mundial, se había llevado a casa la gloriosa Copa que llevaba el nombre del francés Jules Rimet, impulsor de la competición.

El segundo llegó desde Argentina: el Pibe de Oro que iba a dominar en los ochenta, conquistando en tres temporadas, en Italia, dos irrepetibles *Scudetti* y una Copa de la UEFA con un club que nunca había ganado nada, y un Mundial prácticamente solo tras la célebre «mano de Dios».

En medio de esos dos gigantes eclosionó, en la década de los setenta, un europeo completamente diferente a cuantos habían venido antes que él, y que revolucionaría para siempre el juego del fútbol.

Porque, si bien es cierto que no tenía la magia del pie izquierdo del fenómeno argentino, ni era capaz de elevarse como un muelle de la misma forma que el brasileño mostró al mundo en la final de infarto de México 70 —cuando literalmente voló sobre la cabeza de Burgnich—, el modo en que Cruyff combinaba velocidad y técnica y su capacidad de cubrir todas las posiciones nunca se habían visto en un terreno de juego. Tampoco su manera de moverse, siempre con la cabeza alta, como un príncipe que baila entre una maraña de piernas rivales que lo hostigan en vano; o esos esprints con el cuero pegado al pie tras un repentino cambio de ritmo, que lo hacían parecer una gacela libre por la pradera a la que solo puedes derribar, pero no detener; o esos controles orientados que dejaban atónito incluso al marcador más implacable, y que todavía hoy sorprenden por su modernidad.

Y, claro, su famosísimo regate, el llamado *«Cruyff turn»*,[2] un quiebro con el cual fingía pegarle al balón mientras con la suela o el interior de la bota se lo hacía pasar por detrás del otro pie —bien plantado en el piso— para ejecutar, al instante, un giro de ciento ochenta grados, acelerar bruscamente y superar al adversario, que en el mejor de los casos se quedaba atrás, colgado, y en el peor tendido en el suelo, aturdido, embriagado por ese gesto inesperado.

Si se prefiere hacer una divertida analogía animal, analizando las características físicas de estos tres grandes especímenes, podríamos decir que Pelé

(173 cm, 74 kg) se movía sobre el terreno como un guepardo; Maradona (165 cm, 70 kg), como un gato salvaje; y Cruyff (178 cm, 68 kg), como un antílope. Pero también en el acercamiento al balón el estilo de cada uno era diferente: Pelé lo acariciaba, Maradona lo escondía y Cruyff lo hacía deslizarse.

> El espacio en el terreno de juego es el factor esencial; en especial, crear tu propio espacio, y para hacer eso es crucial tener claro un movimiento o un conjunto de los mismos. A menudo tienes que empezar haciendo justo lo contrario de lo que quieres conseguir. Por ejemplo, cuando un extremo quiere tener el balón en sus pies, antes tiene que correr hacia delante y después darse la vuelta para recibirlo, igual que a veces tienes que pasar la pelota atrás para conseguir un pase largo hacia delante. O en los córneres, cuando corres hacia la pelota antes de que se saque para arrastrar a los defensas fuera del área [...].
>
> Cada posición, sobre todo las de más adelante, tiene que vérselas con este tipo de situaciones que no solo afectan al movimiento en sí, sino también a cómo lo anticipa el resto del equipo. Poner en marcha un movimiento nunca debería ser una acción aislada; la belleza del fútbol consiste en que cada acción en cualquier posición está, de alguna manera, relacionada con las demás acciones del resto del campo.[3]

Y si Pelé y Maradona eran capaces de saltar y elevarse sobre un rival mediante técnicas propias de un funambulista, Cruyff prefería arrancar desde atrás y, después, sorprender disparando a puerta; daba la impresión de que él, a diferencia de aquellos, podría haberse desempeñado con soltura en cualquier demarcación, excepto, tal vez (aunque nunca se sabe), bajo los palos, como recordaría oportunamente Éric Cantona: «Si hubiera querido, podría haber sido el mejor del mundo en cada posición», y no será casualidad que el holandés termine su carrera a los treinta y siete años ganando Liga y Copa de los Países Bajos como líbero para el Feyenoord.

Porque ningún otro jugador ha exhibido tanta inteligencia futbolística sobre el césped como él, cuyo ídolo de juventud había sido un sudamericano bastante anómalo, el argentino Alfredo Di Stéfano —eje central del Real Madrid de los años cincuenta y sesenta, famoso por su elegancia en el toque y por su visión de juego, y del que se decía que era un «jugador universal, tácticamente completo, capaz de jugar en cualquier zona del campo»—,[4] quien, refiriéndose a Cruyff, sentenciará: «No es delantero, pero marca muchos goles. No es defensa, pero nunca falla una entrada. No es entrenador, pero juega cada balón en función del interés de los compañeros».

Cruyff supo trasmitir desde el primer momento esa inteligencia táctica también a sus compañeros de equipo —«el fútbol es un deporte que se juega con el cerebro: hay que estar en el lugar adecuado, ni demasiado tarde, ni demasiado pronto», dijo—,[5] contribuyendo de manera decisiva a la explosión del llamado «Fútbol Total», un fenómeno plenamente holandés que representó la más importante revolución deportiva de los años setenta, en virtud del cual ya no existían posiciones fijas y todos los jugadores llegaban a ocupar cualquier zona del campo cuando era necesario; los atacantes también sabían defender y los zagueros, anotar. Barry Hulshoff, el corpulento defensa central del gran Ajax de la época, recordaría:

> Estábamos todo el tiempo discutiendo sobre el espacio. Cruyff siempre explicaba hacia dónde debían correr los compañeros, por dónde debían moverse. Se trataba de crear espacios y ocuparlos, una especie de arquitectura dentro del campo. Hablábamos constantemente de la velocidad de la pelota, del espacio y del tiempo. ¿Dónde hay más espacio? ¿Dónde está el futbolista que tiene más tiempo para pensar y ejecutar? Pues ahí es donde tenemos que mover el balón. Cada jugador debía entender la geometría completa del campo y el sistema en su conjunto.[6]

«Está estadísticamente probado que un jugador tiene el balón una media de tres minutos. Así que lo más importante es lo que haces en los ochenta y siete minutos en los que no tienes el balón. Eso es lo que determina si eres un buen jugador o no». Pero en el fútbol, como en todos los deportes, al final lo que cuenta son los resultados, y aunque es cierto que, a diferencia de los dos sudamericanos, Cruyff no se coronó campeón del mundo con su selección, pudo igualmente presumir de palmarés como jugador: nueve Ligas y seis Copas de los Países Bajos, una Liga española, una Copa del Rey, tres Copas de Europa, una Supercopa de Europa y una Copa Intercontinental, además del subcampeonato en el Mundial de 1974 y el tercer puesto en la Eurocopa de 1976.

A nivel individual, ganó tres veces el Balón de Oro (1971, 1973 y 1974), que la revista *France Football* concedía cada año al mejor jugador europeo;[7] anotó un total de 402 goles; fue elegido segundo mejor futbolista del siglo XX según la clasificación de la Federation of Football History & Statistics (IFFHS), solo por detrás de Pelé; y en Italia, donde nunca jugó, se le homenajeó con una película dedicada enteramente a su figura: *El profeta del gol* (Sandro Ciotti, 1976); además, el gran Gianni Brera lo apodó «el Pelé blanco».

Pero también, a diferencia de Pelé y Maradona, la grandeza de Cruyff no se circunscribió al rectángulo de juego, porque, como escriben Federico Buffa y Carlo Pizziconi, «Johan Cruyff hizo la revolución dos veces, con los pies y con la cabeza»;[8] cuando se vio obligado a colgar las botas, a la considerable edad de treinta y siete años, siguió ganando títulos importantes como entrenador: dos Copas de los Países Bajos, una Copa del Rey, tres Supercopas de España, dos Recopas de Europa, una Copa de Europa y una Supercopa de Europa. Es uno de los siete entrenadores que han conquistado la Copa de Europa/Liga de Campeones después de haberlo hecho ya como jugador, junto con Miguel Muñoz, Giovanni Trapattoni, Carlo Ancelotti, Zinedine Zidane, Pep Guardiola y Frank Rijkaard; estos dos últimos, no por casualidad, se coronaron después de haber jugado bajo la dirección del holandés, y el penúltimo llegó a decir: «No sabía nada de fútbol antes de conocer a Cruyff».

Casi todos los éxitos deportivos del as holandés fueron con el Ajax de Ámsterdam y el FC Barcelona, los clubes principales de las dos ciudades de su vida —la primera, donde nació, y la segunda, donde murió—, que han tomado su figura como emblema imperecedero: pruebas de ello son la ceremonia pública de homenaje celebrada en el Camp Nou tras su prematura muerte, en 2016, y el cambio de nombre, un año después, del Ámsterdam Arena, rebautizado Johan Cruyff Arena.

En 2004, Cruyff fue elegido por sus compatriotas sexto neerlandés más importante de la historia entre personajes de la talla de Rembrandt, Van Gogh, Vermeer, Erasmo y Spinoza.[9] Hoy, en esta época de fútbol globalizado y completamente diferente al de entonces, podría haber quien llegara a olvidar[10] a aquel «tercero en discordia», pero una secuencia en particular del documental *El profeta del gol*[11] ofrece, mejor que cualquier otra imagen, una idea precisa de lo que representó en los años setenta la legendaria figura de Johan Cruyff a quienes no lo vivieron.

Carrero asesinado

Es 22 de diciembre de 1973, y Cruyff acaba de liderar al Barcelona en la victoria liguera en casa contra el Atlético de Madrid, anotando lo que el admirado entrenador del equipo rival (el argentino Juan Carlos Lorenzo) definió como «el gol imposible»: una acción que consistió en arponear, a casi dos metros de altura y extendiendo en el salto ambas piernas en perpendicular al segundo palo, un balón cruzado que, tras superar a la multitud que poblaba el área colchonera, portero incluido, se encaminaba a perderse inútilmente por la línea de fondo. «Desde ese día, la prensa española apodó a Cruyff "el holandés volador"», escribe Massimo Prati.[12]

Pero no es la imagen, cientos de veces vista, de ese extraordinario gesto atlético —que el crack emulará unos meses después en Dortmund, el 3 de julio de 1974, para anotar el 2-0 frente a Brasil en la tempestuosa semifinal del Mundial— lo que nos hace entender la importancia histórica de Cruyff, sino lo que vemos a continuación, cuando al salir del vestuario, ya perfectamente arreglado para volver a casa, se ve rodeado por un enjambre de hinchas del Barça que le piden un autógrafo. Uno de ellos se abre paso entre la multitud y, desprovisto de otra cosa, le entrega un periódico del día anterior, que Johan firma sin mirar siquiera; sin embargo, en la secuencia, recogida en la película de Ciotti, se lee claramente el titular, a toda página, del periódico: «CARRERO ASESINADO».

El titular, para los más jóvenes que acaso no lo sepan, se refiere a uno de los magnicidios más célebres y trascendentales de la historia española en general y de los turbulentos años setenta en particular. Dos días antes, el 20 de diciembre, el Comando Txikia de ETA[13] había hecho volar por los aires, literalmente, el coche en el que viajaba el almirante Luis Carrero Blanco, presidente del Gobierno, hombre de la máxima confianza de Franco y llamado a garantizar la continuidad del régimen a la muerte del dictador.

La operación duró casi nueve meses, y desde su posterior reconstrucción —plasmada en el libro *Operación Ogro. Cómo y por qué matamos a Carrero Blanco,* de Eva Forest, que originalmente firmó bajo el pseudónimo Julen Agirre— se sabrá que los cuatro miembros del comando a los que se encomendó la acción alquilaron durante meses un sótano en el 104 de la madrileña calle Claudio Coello fingiendo ser escultores; cada mañana, desde su casa, en la vecina calle Hermanos Bécquer, Carrero se desplazaba en coche hasta la iglesia de San Francisco de Borja, en la calle Serrano, frente a la embajada estadounidense, y tras oír misa volvía siguiendo siempre el mismo itinerario, por lo que los terroristas decidieron que la mejor manera de matarlo sería un atentado con bomba.

El trabajo resulta lento y costoso, ya que implica a todos los miembros del equipo en la excavación simultánea de un túnel de ocho metros desde la casa hasta el centro de la calle, con una prolongación haciendo la forma de una T, de tres metros cada brazo. Mientras el primero cava, el segundo pasa la tierra hacia atrás al tercero, que la mete en sacos de plástico, y el cuarto apila los sacos en el local. Luego hay que apuntalar la galería y preparar las cargas de dinamita, que son tres, de quince kilos cada una, preparadas para hacer explosión de forma simultánea con un cable eléctrico. Otro problema es alejar lo máximo posible el detonador, para facilitar la fuga. Para ello se tira un hilo que sale por la ventana y llega al primer piso, hasta el cruce con la calle Diego de León, a unos cincuenta metros. Poco antes de la hora señalada, uno de los «escultores» aparca en doble fila, a la altura de la galería, una Morris cargada de dinamita con el triple propósito de reforzar la explosión, obligar al coche de Carrero Blanco a pasar por el centro de la calzada y dar un punto de referencia para un observador situado en la esquina de Claudio Coello con Diego de León (el detonador, alimentado por tres baterías en serie, está instalado a la vuelta de la esquina, y los ejecutores, disfrazados de operarios de la compañía eléctrica, no pueden ver la calle Claudio Coello). Cuando el coche del almirante llega al lugar «propicio», tras la señal establecida, se realiza con éxito la explosión. El Dodge de Carrero vuela a una altura de seis pisos, sobrepasa el tejado de un edificio [una residencia de la Compañía de Jesús] y termina en la terraza interior del tercer piso.[14]

ETA, que había cometido su primer asesinato el 7 de junio de 1968 en la carretera de Aduna a Villabona (en Guipúzcoa) contra el guardia civil José Antonio Pardines Arcay,[15] adoptó la lucha armada como forma de oposición a la dictadura militar que duraba desde el final de la sangrienta guerra civil de los años treinta y que se prolongaría hasta la reforma política posterior al fallecimiento del Caudillo; un régimen que, aun en sus últimos coletazos, llevó a cabo ejecuciones (entre las que destaca la aplicación del garrote vil al anarquista Salvador Puig Antich en la cárcel de Barcelona, el 2 de marzo de 1974, a pesar de que incluso el papa Pablo VI pidió clemencia) que también iban a repercutir de algún modo en Johan Cruyff:

el 22 de octubre de 1975, la Lazio debía recibir al Barcelona para la ida de dieciseisavos de final de la Copa de la UEFA, pero el presidente del club romano, Umberto Lenzini, se negó a que el partido se disputara para evitar una confrontación violenta entre la policía y los manifestantes que protestaban contra el reciente fusilamiento de los (a la postre) cinco últimos condenados a muerte por el franquismo;[16] meses más tarde, el 3 de marzo de 1976, una huelga de trabajadores se saldaba con varios muertos consecuencia de la represión policial en Vitoria. Desaparecido Franco, ETA prosiguió la actividad terrorista como vía a la independencia de Euskal Herria, y sería la última, de entre todas las organizaciones similares que operaban en aquellos años en Europa y el resto del mundo, en deponer las armas. Además, en 1981, precisamente otro futbolista del Barça, el asturiano Enrique Castro «Quini», fue objeto de un secuestro político que se prolongó veinticinco días.

Con todo lo que acontecía entonces en el país, que alguien blandiera aquel periódico como un pedazo de papel sin importancia para obtener el codiciado autógrafo de una estrella dice mucho sobre la tremenda popularidad de Cruyff también en España. A punto de alzarse con su segundo Balón de Oro, el holandés seguía siendo prácticamente un recién llegado tras protagonizar lo que se había vivido como el traspaso del siglo: el Barça pagó al Ajax en torno a sesenta millones de pesetas, el fichaje más caro de un futbolista hasta aquel momento. Nueve años más tarde, de nuevo el Barcelona, un club que siempre ha contado con la financiación de socios acaudalados, volvería a sacudir el mercado con otra operación para la historia: la adquisición del joven ídolo de Boca Juniors, Diego Armando Maradona, llamado a derribar del pedestal del fútbol al propio Cruyff en la década de los ochenta.

Aunque en noviembre de 1973 consiguieran la autorización para restablecer la denominación original «Fútbol Club Barcelona», los azulgranas no atravesaban su mejor momento: hacía trece años de su último título de Liga. Cruyff, aterrizado desde Ámsterdam a finales de agosto, debutó el 5 de septiembre anotando tres goles en un amistoso contra el Círculo de Brujas que se saldó con ostentosa victoria culé, 6-0. Sin embargo, la federación neerlandesa y el Ajax se enrocaron en un bloqueo burocrático que le impedía participar en el campeonato liguero, y la temporada 73/74 había comenzado bastante mal para el equipo catalán: con la excepción de la victoria sobre el Español en el derbi de la Ciudad Condal, no habían pasado del empate en los demás partidos en casa y contaban sus salidas por derrotas, a lo que había que sumar la eliminación en la Copa de la UEFA a la primera de cambio. Por fin, el 27 de octubre llegó el documento que permitió a Cruyff jugar, al día siguiente, contra el Granada… y firmar un doblete en el definitivo 4-0; desde ese momento, los blaugranas no tuvieron competidor, como quedó refrendado el 17 de febrero de 1974 tras el legendario 0-5 endosado al Real Madrid, para colmo en el Santiago Bernabéu. Al término de esta marcha triunfal, el Barça se alzó con su noveno campeonato de Liga. Cruyff acabó la campaña con dieciséis goles en su cuenta.

Resueltos los torneos locales, el brillante 1974 de Johan iba a continuar cuando se reuniera con sus compañeros de selección. Tras cuatro décadas de ausencia, Países Bajos volvía a una fase final de la Copa del Mundo, celebrada en esta ocasión en Alemania Occidental. Además de por ser el primero televisado en color, el Mundial pasaría a la historia por suponer la consagración definitiva del Fútbol Total de los *Oranje,* quienes, bajo el liderazgo de Cruyff y a pesar de caer derrotados en la épica final de Múnich contra los anfitriones —que también eran los vigentes campeones de Europa—, cambiaron para siempre la forma de entender y practicar el deporte rey.

Pero primero vamos a contar brevemente cómo aquel chico de Ámsterdam llegó a convertirse en el mejor futbolista del mundo, antes de aterrizar en suelo español mediante un traspaso récord.

El estadio De Meer

Soy una persona sin títulos académicos. Todo lo que sé lo he aprendido por experiencia. Cuando perdí a mi padre a los doce años, mi vida quedó determinada por el Ajax. Primero mediante mi segundo padre, que era encargado del campo, más tarde a través de mis entrenadores Jany van der Veen y Rinus Michels. Gracias al Ajax aprendí no solo a jugar mejor al fútbol, sino también a comportame.[17]

Johan nació el 25 de abril de 1947, un día que para los italianos tiene un enorme significado histórico y popular: en la sesión del 11 de abril de 1947, el Consejo de Ministros de la República presentó un proyecto de ley con disposición de máxima urgencia para «declarar Fiesta Nacional el 25 de abril de 1947», disposición que fue ratificada por el jefe provisional del Estado, Enrico De Nicola, mediante el decreto legislativo 208 del 12 de abril de 1947, cuyo primer artículo preveía: «Como celebración del segundo aniversario de la liberación total del territorio italiano, el 25 de abril de 1947 es declarado Fiesta Nacional».

Johan, sin embargo, nació mucho más al norte, en un país donde el fascismo no había disfrutado de un *Ventennio* en el poder y en una ciudad que aún hoy, para el turista que la visita por primera vez, se aparece como un lugar de fantasía propio de la decameronesca comarca de Bengodi, porque Ámsterdam, sobre todo el casco antiguo, es uno de los sitios más bellos de Europa (solo languidece ante el hecho de que alguien, hace muchos siglos, decidió inventar Venecia), donde todos parecen jóvenes, guapos, ricos, libres de emborracharse, drogarse, ir en bicicleta o en moto sin casco y desinhibidos hasta el punto de darse al amor mercenario con mujeres que se exponen medio desnudas en los bajos de los edificios de un barrio entero, aunque en el corazón de este hubiera una iglesia, además de no concebir las persianas o las cortinas ni siquiera en las casas particulares.

Los Cruyff son una familia proletaria que llega con dificultades a fin de mes y vive en el suburbio de Betondorp, en el número 92 de Tuinbouwstraat. Johan es el menor de los dos hijos varones de Manus Cruyff y Nel Draaijer, que tienen una tienda de frutas y verduras a menos de doscientos metros de lo que entonces era el pequeño estadio De Meer, hogar del equipo de la ciudad.

El Amsterdamsche Football Club Ajax fue fundado el 18 de marzo de 1900 en el Café Oost Indië, en la plaza Dam, por tres jóvenes empresarios apasionados del fútbol: Floris Stempel, Han Dade y Carel Reeser. Tras alcanzar la máxima categoría del fútbol neerlandés en 1911, el club adoptó la emblemática camiseta blanca con una banda roja vertical en el centro que ya nunca abandonaría; con ella ganó sus primeros títulos en 1918 y 1919, a los que siguieron muchos más. En 1958 participó por primera vez en la Copa de Europa, donde fue eliminado en cuartos de final por el Vasas Budapest, vigente campeón húngaro; sin embargo, la edad de oro iba a empezar en 1965, con la llegada al banquillo de Rinus Michels, quien, tras jugar con los lanceros[18] de 1946 a 1958, perfeccionó las innovadoras tácticas que había aprendido de Jack Reynolds —entrenador inglés que dirigió al equipo durante más de veinte años repartidos en tres etapas, en los que ganó ocho Ligas y una Copa nacional— para dar forma a lo que más tarde se sintetizaría como Fútbol Total.

La infancia de Johan parece haber estado marcada desde el primer momento por el balón, con interminables partidos de fútbol junto a Heini, su hermano mayor, y otros compañeros.[19] Apenas terminaba la escuela, corría a ver los entrenamientos del Ajax, hasta el punto de hacer amistad con el encargado del campo, el «tío Henk», como llegará a llamarlo con el paso del tiempo, quien le enseñó a limpiar las botas, hinchar los balones y colocar los banderines en las esquinas del campo; pronto entraría en la cantera franjirroja, a la edad de diez años.

Para mí todo empezaba en la calle. La zona en la que yo vivía era conocida como la «aldea de cemento», un experimento de casas baratas realizado tras la Primera Guerra Mundial. Era una zona obrera y los niños pasábamos tanto tiempo fuera de casa como nos era posible; desde que puedo recordar jugábamos al fútbol donde podíamos. Ahí fue cuando empecé a pensar en cómo convertir las desventajas en ventajas. Descubrí que el bordillo puede no ser un obstáculo, sino que podía convertirlo en un compañero de equipo para el uno-dos. De modo que gracias al bordillo pude trabajar mi técnica. Cuando el balón rebota sobre superficies diferentes con ángulos extraños, tienes que reajustarte al instante. A lo largo de mi carrera la gente se ha sorprendido a menudo de verme chutar o pasar desde un ángulo inesperado, pero eso se debe a cómo me crie. Lo mismo ocurre con el equilibrio. Cuando te caes sobre el cemento, duele y, por supuesto, no quieres que te pase. Así que juegas al fútbol procurando no caerte. Fue jugar así, intentando reaccionar ante la situación en todo momento, lo que desarrolló mis habilidades como futbolista.[20]

El técnico del primer equipo, que en ese momento es otro inglés, Victor «Vic» Buckingham, comienza a fijarse en la joven promesa, y el club diseñará un programa destinado específicamente a fortalecer el aún enclenque físico de Johan, basado en entrenar con dos lastres de cuatro kilos en sendos bolsillos del uniforme. En su primera temporada en las inferiores del Ajax, Cruyff anota setenta y cuatro goles.

Cuando el entrenador manda parar, sientes el corazón latir vertiginosamente, parece que te va a estallar en el pecho: hay que reconducirlo a su ritmo normal en menos de dos minutos; si no puedes, es mejor que pongas un estanco o intentes ser presidente del Gobierno: significa que te has equivocado de oficio.[21]

Con doce años, Johan pierde a su padre por culpa de un ataque al corazón. Poco después la madre, que había tenido que traspasar la frutería, es contratada por el Ajax como mujer de la limpieza y para atender el bar del estadio; en el curso siguiente, Cruyff gana su primer campeonato en categoría juvenil.

El 15 de noviembre de 1964, Buckingham lo hace debutar con el primer equipo en la derrota por 3-1 contra el GVAV Groningen, donde Johan marca el único tanto de los lanceros; la semana siguiente, anota de nuevo en la victoria por 5-0 sobre el PSV Eindhoven. En enero de 1965, Buckingham es despedido; tras el advenimiento de Michels, Johan se convierte en titular fijo, y el Ajax gana tres Ligas consecutivas (65/66, 66/67 y 67/68) y llega a disputar, el 28 de mayo de 1969, la final de la Copa de Europa en Madrid, donde cae derrotado ante el Milan, entrenado por Nereo Rocco y liderado por Gianni Rivera —que será Balón de Oro ese año—, por un claro 4-1, con *hat-trick* del delantero Pierino Prati.

Los franjirrojos aún no estaban maduros como equipo[22] y Johan apenas acababa de cumplir veintiún años; bastó con la pegajosa marca del experto Giovanni Trapattoni —quien años antes ya había anulado a Pelé en un amistoso contra el Santos— para neutralizar el peligro de sus prometedoras alas. Sin embargo, se estaba fraguando un ciclo de dominio del fútbol neerlandés a nivel continental, como quedaría demostrado en la siguiente edición del torneo con la victoria del Feyenoord, eterno rival del Ajax, sobre el Celtic de Glasgow escocés en la final disputada el 6 de mayo de 1970 en San Siro.

En esos primeros años, Johan es admirado no solo por su enorme calidad, sino también por ser el motor que tira de todo el conjunto. En la campaña 1966/67 gana su primer doblete doméstico: Eredivisie y Copa de los Países Bajos, marcando 38 goles en 35 partidos entre ambas competiciones. El segundo lo consigue en la 1969/70, temporada en la que alcanza las 125 dianas anotadas desde su irrupción en la máxima categoría.

La base para la gran eclosión del Ajax fue una combinación de talento, técnica y disciplina. En todo ello tuvieron un importante papel los entrenadores Jany van der Veen y Rinus Michels. Van der Veen no solo nos enseñó a amar el fútbol y el club, sino que trabajó nuestra técnica de una forma muy refinada. Además, tenía buen ojo para las tretas sobre el terreno, algo que introducíamos después en nuestro juego posicional. Lo que aprendí es que el fútbol es un proceso que consiste en cometer errores, analizarlos para aprender la lección y no frustrarse. Mejorábamos cada año y yo nunca miré atrás. Al final de cada partido ya estaba pensando en el siguiente y en qué podía mejorar. Después de formarnos con Van der Veen, aprendimos habilidades futbolísticas con Michels. Él se aseguró de que el Ajax tuviera más profesionales a tiempo completo, [...] y esta profesionalización significó que podíamos entrenar como equipo durante el día y, en consecuencia, mejorar mucho, tanto técnica como físicamente. Una vez conseguido esto, se puso duro con nuestra mentalidad. Lo especial era que seguir sus instrucciones nunca creó una atmósfera de disciplina militar.

En el Ajax siempre había espacio para las bromas y el humor. Creo que esa combinación fue decisiva para el ambiente que se creó a nuestro alrededor como equipo. Sabíamos lo que hacíamos y lo hacíamos con gusto. Esto solía ser lo que más intimidaba a nuestros adversarios. Y como siempre fue ese el ambiente que me rodeó en el club desde muy joven, nunca tuve miedo al fracaso ni me preocupaban los partidos futuros.[23]

El 24 de marzo de 1965, en Leeuwarden, Johan debuta con la selección juvenil en el campeonato europeo de esa categoría y el 7 de septiembre de 1966, a los diecinueve años, lo hace con «los mayores» en un encuentro de la fase de clasificación para la Eurocopa contra Hungría, donde, pese al 2-2 final, marca uno de los goles. Menos de dos meses después, el 6 de noviembre, en su segundo partido con la absoluta, un amistoso contra Checoslovaquia, protagoniza un polémico episodio: un presunto puñetazo al árbitro, nunca demostrado, que lo convertiría en el primer futbolista expulsado en la historia del combinado tulipán; Cruyff trata de excusarse, pero es suspendido por un año (sanción que posteriormente se reducirá a seis meses) y deberá esperar hasta finales de 1971 para recibir el brazalete de capitán *Oranje,* cuando ya sea considerado de forma unánime uno de los mejores jugadores del mundo.

No hacían más que darme patadas, pero el árbitro, Rudi Glöckner, de Alemania Oriental, no estaba haciendo nada al respecto. En un momento dado, le pregunté por qué permitía a los defensas hacer lo que les daba la gana, pero él solo me respondió que me callara la boca. Cuando, muy poco después, me dieron un patadón bestial justo delante de sus narices y él no hizo sonar el silbato, le repetí lo mismo. Fui expulsado y se me prohibió jugar con el equipo nacional durante un año. Aquello provocó un escándalo tremendo y seguramente fue la primera vez que se habló abiertamente sobre el derecho de un futbolista a protestar, pero yo sabía que estaba completamente en mi derecho. Los checos habían estado haciendo todo lo posible para echarme del partido a patadas; el árbitro se lo estaba permitiendo sin más, y al final me atacó a mí porque le pregunté por qué no estaba haciendo nada. Hoy en día, los jugadores y el árbitro son corresponsables de garantizar que el público se entretenga lo más posible, pero en 1967 las cosas no eran así para nada. El árbitro era el jefe y nadie cuestionaba su autoridad, y eso por no hablar de la enorme diferencia social entre yo, un joven deportista occidental en plena «beatlemanía», y él, un alemán del Este que dirigía en el terreno de juego una vez a la semana durante noventa minutos para volver después a la RDA a mantener la boca cerrada.[24]

Mientras tanto, el 13 de junio de 1967, durante la boda de su amigo —y capitán del Ajax— Piet Keizer, cuatro años mayor que él, Cruyff conoce a su futura esposa, Diana Margaret «Danny» Coster, una modelo rubia, hija de un comerciante de diamantes que más tarde se convertirá en su mánager. Se casan el 2 de diciembre de 1968 y estarán felizmente juntos hasta el final; en el proceso, tienen tres hijos: Chantal (16 de noviembre de 1970), Susila (27 de enero de 1972) y Jordi (9 de febrero de 1974). Este último sería bautizado así en honor del patrón de Cataluña, aunque tuvo que ser registrado en los Países Bajos, ya que el régimen franquista prohibía los nombres en cualquier lengua que no fuera el castellano; con el tiempo, y gracias en buena medida a los valiosos consejos de su padre, se convertiría también en un gran jugador, con una trayectoria de más de diez años en la élite del fútbol español e inglés.[25]

Dejé una vida en la que solo me ocupaba de mí mismo y del fútbol y tuve que empezar a compartir cosas e implicarme más con cuanto me rodeaba. La responsabilidad que adquirí entonces con mi familia la trasladé también al fútbol. Así que casi inmediatamente empecé a pensar más en los derechos de los demás jugadores y en los míos. […]

Cuanto más pienso en ello, más claro tengo que la formación de mi familia tuvo un papel en el surgimiento del Fútbol Total. Una forma de juego que solo puede llevarse a cabo con jugadores que no miren solo por sí mismos, sino también por el resto del equipo. Continuamente, diez jugadores deben anticipar lo que va a hacer el que lleva la pelota. Eso es exactamente lo que sucede en el seno de una familia, sobre todo cuando hay niños. Todo lo que hace una persona de la familia afecta a las demás.[26]

La camiseta número 14

El buen jugador es el que toca el balón una vez y sabe a dónde correr.[27]

Cruyff comenzó a usar el emblemático dorsal 14 en 1970, cuando hasta entonces solía saltar al terreno de juego con el 9. En este punto, sobre el nacimiento del vínculo con ese número legendario, se cuentan dos historias diferentes.

Gerrie Mühren, compañero de equipo, contó que un día, antes de un partido de liga, no encontraba su camiseta; Johan le cedió la suya con el 9 y se quedó con el 14, y puesto que el Ajax logró esa tarde una victoria importante, desde entonces habría decidido, maniáticamente, no separarse de él.[28]

En cambio, el protagonista explicaría que aquella temporada los lanceros habían decidido adoptar una numeración personalizada para que los jugadores mantuvieran el mismo dorsal durante todo el curso; Cruyff, lesionado los primeros meses del mismo, solo encontró disponible a su regreso el 14, que desde ese momento se convirtió en su amuleto.

Lo que está claro es que el famoso número quedará para siempre ligado a su figura, y solo durante los años que jugó en el Barcelona debió renunciar a él, ya que la Federación Española, que imponía la numeración del 1 al 11 para los jugadores titulares, le negó la excepción. Cruyff eligió entonces «volver» al 9, pero bajo la camiseta blaugrana llevaba siempre otra con «su» 14.

Cuando yo presionaba a un jugador cuya pierna buena era la derecha, yo le perseguía esa pierna. Con ello se veía obligado a pasar con la pierna mala, la izquierda. Mientras tanto, llegaba Johan Neeskens desde el medio campo a su izquierda, y el adversario se veía obligado a pasar la pelota rápido con su pierna mala. Lo que empeoraba sus problemas. Para hacerlo, Neeskens tenía que dejar suelto a su hombre. De modo que su adversario quedaba libre, pero no podía seguir a Neeskens porque nuestro defensa Wim Suurbier se había desplazado a la posición de Neeskens. Así se creaba enseguida una efectiva situación de tres contra dos. En resumen: yo presionaba la pierna buena del contrincante, Neeskens hacía lo mismo con su pierna mala y Suurbier se encargaba de que el marcador de Neeskens se viera obligado a permanecer en su posición. Eso sucedía en un radio de cinco a diez metros.[29]

En 1971, en un escenario tan insigne como Wembley, Cruyff ganó con el Ajax su primera Copa de

Europa tras derrotar por 2-0 al Panathinaikos que dirigía el gigante húngaro Ferenc Puskás. En la final, Cruyff firmó la asistencia para el segundo y definitivo gol, obra de Arie Haan.[30] Al terminar el año fue galardonado con su primer Balón de Oro, pero 1972 sería aún mejor: bajo la dirección del rumano Ştefan Kovács, que había reemplazado a Michels —ahora entrenador del Barcelona—, el equipo iba a rubricar un histórico triplete mundial al imponerse en la Eredivisie, la Copa de Europa y finalmente la Copa Intercontinental contra Independiente de Avellaneda. Después de empatar en el partido de ida (1-1) con gol de Cruyff —que hubo de abandonar el campo antes de tiempo, lesionado por culpa de una desafortunda acción del «Tano» Mírcoli—, la vuelta en el Olímpico de Ámsterdam se saldó con un incontestable 3-0 y dos asistencias del astro holandés.

Meses antes, el 31 de mayo, el Ajax se midió en la final de la Copa de Europa al Inter de Milán, entrenado por Giovanni Invernizzi, y tuvo que hacerlo en Rotterdam, en De Kuip, hogar del eterno rival. A pesar del duro marcaje de Gabriele Oriali, Cruyff se erigió en protagonista absoluto del partido y convirtió los dos goles de la victoria por 2-0, el segundo de ellos de cabeza, faceta que en opinión de algunos era el único punto débil de su repertorio.[31]

Mucha gente recuerda mi gol contra el ADO Den Haag en 1972, el llamado «gol curvo». Para mí consistió en pura intuición, pero me gusta que la gente siga hablando de él. Demostré buena técnica, sí, pero tampoco tenía más opción. Y, además, hizo feliz a la gente y ganamos el partido. Fue después cuando me di cuenta de lo importante que había sido y de su impacto. Controlé un centro largo de nuestra defensa con el pie derecho en la banda izquierda del campo (aún tenía en la mano la cinta que me sujetaba el calcetín, porque me lo estaba subiendo cuando hicieron el pase en profundidad), y como el balón aún estaba girando cuando lo golpeé hacia la portería, se curvó por encima del portero. Como he dicho, fue pura intuición. Como cualquier truco, no lo había practicado, sencillamente me vino esa idea. Solo después adquirió sentido.[32]

En 1973 —con un paradójico retraso de dos años respecto a la selección— Cruyff fue nombrado capitán y el Ajax se adjudicó la Copa de Europa por tercera temporada consecutiva tras haber doblegado en el camino al Bayern Múnich por 4-0 (dos goles de Haan, uno de Mühren y otro de Cruyff) en lo que se llamó «el mejor partido de cuartos de final de todos los tiempos», el 7 de marzo.

Esta apoteósica victoria sobre la escuadra bávara sería el broche de oro simbólico del ciclo ganador de los lanceros, y la fotografía que retrata el saludo entre Beckenbauer y Cruyff al final del duelo logró capturar, concentrada en ese gesto, la entrega del testigo más brutal en la historia del fútbol porque, después de aquella paliza, los alemanes ganarían las tres ediciones siguientes de la Copa, además del Mundial, en detrimento de los propios holandeses.

La final de Belgrado contra la Juventus que entrenaba el checo Čestmír Vycpálek, el 30 de mayo de 1973 y frente a noventa mil espectadores, se resolvió casi inmediatamente gracias a un testarazo de Johnny Rep en el minuto 5 que sorprendió a Zoff,[33] pero al término de esa tercera temporada triunfal, durante la concentración veraniega del Ajax, ocurrió el incidente que iba a poner punto y aparte a la relación de Cruyff con el equipo donde había nacido y crecido como futbolista; sus compañeros, aparentemente con Keizer como cabecilla, decidieron no confirmarlo en la capitanía, y Johan dejó Ámsterdam para reunirse con su entrenador predilecto, Rinus Michels, que también se haría cargo de la selección neerlandesa en el inminente Mundial de Alemania.

La que se consumó con Keizer —su amigo del alma, el primero en recibirlo como un hermano mayor cuando entró en la cantera del Ajax— fue solo la primera de una serie de dolorosas «rupturas» que marcaron la parte más atormentada de la existencia de Cruyff, porque más tarde, como veremos, también le llegaría el turno a Michels.

Esto me ha ocurrido a menudo en mi vida, que personas con las que tenía una relación especial me han decepcionado. Pasó con Michels, pero también con Piet Keizer, Carles Rexach y, más tarde, con Marco van Basten. [...] También es algo que ocurre con los grandes, que de repente se establece una especie de competición y, como se supone que son grandes, deciden dejar de escuchar. A lo largo de los años he intentado ponerme en su piel, en especial en el caso de Michels, Keizer y Rexach. Cuando lo pienso, he aprendido muchísimo de ellos, aunque ellos nunca se mostraron abiertos a aprender algo de mí. Creo que esa es la gran diferencia que habla por sí misma.[34]

El primer contacto entre clubes se produjo durante un torneo de verano en A Coruña; Jaap van Praag, presidente de los lanceros, trató de apretar todo lo posible al Barcelona, y entretanto Cruyff comenzó la temporada jugando aún con el Ajax. La firma del contrato se produjo el 13 de agosto, poniendo fin a una larguísima negociación en la que incluso había llegado a meterse de por medio el Real Madrid, y visto el valor de mercado que había alcanzado el futbolista, la firma londinense Lloyd's aseguró sus piernas por una cantidad astronómica.

«El más latino de los nórdicos» —entrevistado por Ciotti, Mazzola dirá que «Cruyff era el más "italiano" del equipo holandés»— desembarcaba así en tierras catalanas, en un país muy diferente al suyo, por cultura y tradiciones, en la que es quizás la ciudad más bella de España, aunque aún no se había producido el *restyling* olímpico, pero desde la Sagrada Familia hasta los edificios de Gaudí, desde las Ramblas hasta los barrios en torno al puerto y hasta el mar, Barcelona es una sucesión de puntos a cada cual más extraordinario, y Johan se encontró tan a gusto allí que hizo de ella, para siempre, su hogar.

Jugué en el Barcelona durante cinco años, de 1973 a 1978. Gracias a ello creé un lazo con el club y también con los catalanes. Ese lazo se vio reforzado diez años después, cuando me convertí en entrenador del Barcelona y nuestra familia se instaló a vivir en Cataluña de manera definitiva. […]

Barcelona era un lugar magnífico para vivir. Realmente fantástico.[35]

Decepción mundial

En todas partes del mundo la gente habla todavía de nuestro equipo de 1974, más aún que de otros que sí fueron campeones. La selección neerlandesa, gracias a la precisión y a la velocidad de nuestro juego, fue apodada «la Naranja Mecánica».

Justo en lo que se puede llamar su mejor año, al final del cual iba a recibir su tercer Balón de Oro en cuatro ediciones, Cruyff se enfrentó a la mayor decepción de su carrera profesional: la derrota en la final de Múnich, que sin embargo había comenzado de forma extraordinaria cuando, en la jugada del saque inicial, recibió la pelota en el círculo central y perforó, en una arrancada imparable, dos líneas de la defensa alemana, obligando a Uli Hoeness[36] a derribarlo dentro del área para evitar que se metiera en la portería con el balón pegado al pie.

Aquel 7 de julio de 1974, hay que decirlo, el entrenador de los anfitriones, Helmut Schön, organizó uno de los partidos tácticamente más perfectos de la historia del fútbol, dejando que los tulipanes, muy vistosos pero poco astutos tras adelantarse tan temprano gracias al hechizo de Cruyff, se fueran marchitando poco a poco para apuñalarlos con un contrataque al más puro estilo italiano, culminado con un remate a la media vuelta de Müller que dejó congelado al pobre cancerbero Jongbloed, famoso por su camiseta amarilla con el dorsal 8.

Por supuesto, todo era posible con un portero como Maier, un matón en defensa como Vogts (que, después del truco inicial, anuló al gran Johan como nadie lo había logrado antes), un lateral goleador como Breitner, un líbero como Beckenbauer (quizá el mejor de todos los tiempos) y un artillero de clase mundial como Gerd Müller, pero sobre todo porque alrededor de estos genios gravitaba gente como Bonhof, Hölzeinbein y Hoeness; en resumen, un verdadero escuadrón.[37]

Con la base del Bayern que acababa de tomar el relevo del Ajax como campeón de Europa, después de algunos partidos titubeantes que sirvieron para hacer los últimos ajustes en el equipo —en especial la exclusión del excéntrico Netzer en favor del más disciplinado Overath y la recuperación de Grabowski, descartado con excesiva precipitación—, superado el shock de la derrota en el histórico «partido del muro» contra Alemania Oriental y tras haber estado a punto de caer contra Polonia en el lodazal de semifinales, donde el largo guardameta Tomaszewski detuvo un penalti a Hoeness, la selección anfitriona dejó que el mundo se enamorara de la resplandeciente cigarra vestida de naranja para esperarla silenciosamente, como buena hormiga, en la final. Acabado el torneo, Neeskens se uniría a Cruyff y Michels en el Barcelona mientras Breitner seguía la estela de Netzer y fichaba por un Real Madrid que se preparaba para regresar a la senda de los títulos.

El de 1974 fue el Mundial de los hoteles que, sagazmente, invirtieron en las primeras televisiones a color y del descubrimiento de los jugadores neerlandeses, rubios, sonrientes, libres como los «hijos de las flores» de la era *beat,* que se dejaban ver con bellísimas esposas —o compañeras— a su lado; un Mundial al que los *azzurri* llegamos tras el sorprendente alirón de la Lazio de Maestrelli y la histórica imbatibilidad de más de mil minutos de Zoff, pero luego las cosas no salieron como se esperaba. Nuestro Mundial, de hecho, que pasó a la historia como el de la «Chinagliada» —por el gesto de «vete a tomar…» que el delantero de la Lazio dedicó al seleccionador Valcareggi tras ser sustituido en el partido contra Haití—, terminó en primera ronda con la derrota ante la emergente Polonia de Lato y Deyna, que quedaría tercera.

El año de la consagración de Cruyff concluyó de forma brillante, para lamento de los italianos, el 20 de noviembre, en la fría noche de Rotterdam, cuando la renovada *squadra azzurra,* ahora dirigida por

Fulvio Bernardini, experimentó en carne propia lo que significaba enfrentarse a un fuera de serie como él, capaz de hacer saltar por los aires en un abrir y cerrar de ojos cualquier equilibrio sobre el césped, y más si temerariamente se confiaba su marca a un debutante, como contaría Alfeo Biagi en un artículo titulado «Cuando Cruyff nos noqueó»:

Al pobre «Birillo» Orlandini, novato, se le encomienda la misión de engrilletar a la estrella holandesa. La nueva Italia de Bernardini se lanza al partido como un muerto de hambre a una comida suculenta. Antognoni, el descubrimiento más brillante de Fulvio, se faja con la actitud de un veterano. Demuestra entenderse con el guerrero Boninsegna y con Juliano —el único superviviente de los «fabulosos mexicanos» de 1970— de forma prodigiosamente espontánea y en apenas cinco minutos catapulta a Italia hacia el gol. Juliano (inspirado director de orquesta, buen conocedor del equipo) abre a la izquierda y encuentra a Antognoni libre de marca; Antognoni recorta hacia dentro y cuelga un hermoso balón al punto de penalti para Boninsegna, a pocos pasos del portero holandés Jongbloed. Un vuelo soberbio, un violento testarazo ¡e Italia se pone por delante! Nos frotamos los ojos, asombrados, pero unos minutos más tarde el árbitro, el ruso Kasakov, se la juega clamorosamente a Italia. Balón de Rocca a la espalda de la defensa y control de Boninsegna, que burla al pivote Rijsbergen.

Vendido, el holandés derriba a Boninsegna dentro del área: Kasakov ordena continuar. Es el punto de inflexión del partido. Holanda se recupera, empieza a hilvanar su juego. Balones que atraviesan el campo como sablazos, el ritmo que aumenta de forma progresiva y amenazante, potentes disparos desde media distancia. Y llega el empate obra del zorro Rensenbrink, que se desliza entre los centrales y toca con la puntera el balón delante de Zoff para enviarlo a la red. Los *azzurri* aguantan el tipo hasta el descanso pero se vienen abajo en la segunda parte. Y Cruyff golpea dos veces, de forma implacable y como mandan los cánones.[38]

Adiós a la selección y al fútbol

Al principio tuve dudas, aunque siempre había pensado retirarme en 1978. Si me preguntan por qué, no tengo ni idea. Retirarme a los treinta y uno me rondaba por la cabeza desde jovencito.[39]

El Barcelona termina la Liga 1974/75 como tercer clasificado detrás del Real Madrid y el Real Zaragoza, y la salida de Rinus Michels significa el inicio de los problemas para el «Pelé blanco»; en sustitución de aquel llega Hennes Weisweiler, con quien pronto Cruyff inicia un pulso que va a durar todo el curso, hasta el punto de que al terminar la temporada 1975/76 el alemán es despedido para traer a Michels de vuelta a Cataluña.

Cuanto más tiempo pasaba en España, más clara tenía la importancia de la política en el juego. Al principio, yo no obedecía como los demás jugadores. [...] Yo soy un hombre de Ámsterdam que dice las cosas como son. Pero durante el régimen del general Franco y los años siguientes, aquello aún no era lo habitual en España. A Armand Carabén, nacionalista catalán y miembro por entonces de la directiva del Barcelona, le encantaba mi actitud. Entonces no lo pensé, pero luego comprendí que él utilizaba a sabiendas mi personalidad para, mediante el club, contribuir a la lucha en favor de la libertad de Cataluña […].

Al principio no era realmente consciente de lo que hacía él. Yo me dedicaba al fútbol, no a la política. Sin embargo, en un determinado momento noté perfectamente que las cosas no iban tan bien como deberían. Desde luego, es inexplicable que yo solo estuviera en el equipo ganador de la Liga una vez en cinco años. En concreto, nos robaron la de 1977. Yo estaba en mejor forma que en ningún otro momento de mi vida y todo indicaba que conseguiríamos el título. Pero en el partido contra el Málaga me expulsaron, así, de repente. Según el árbitro, yo le había gritado en español «hijo de puta». Pero hasta el día de hoy yo jamás he pronunciado esas palabras. […]

En el caso del Málaga le grité algo a uno de mi equipo que había dejado sin marcaje a su hombre. Algo del estilo de: «Tienes que cubrir a tu hombre». Cuando el árbitro vino corriendo hacia mí y me expulsó me quedé atónito. Aquello no estaba bien. Por desgracia, sucedió y, más tarde, en la comisión de disciplina deportiva en Madrid, fue su palabra contra la mía. No tuve la menor oportunidad y me sancionaron con tres partidos, de los que perdimos dos y empatamos el tercero. Después de aquello ya no podíamos soñar con el campeonato. […] Aún hoy, aquella expulsión es, para mí, la demostración más clara de cómo en aquella época la política influía en la competición.[40]

Los tulipanes siguen desplegando un fútbol brillante durante la fase de clasificación para la Eurocopa de 1976, pero solo aseguran el pase tras un espectacular 3-0 a Polonia en el partido que decide el grupo, neutralizando la peligrosa derrota por 4-1 sufrida en Chorzów. Se presentan en la fase final del torneo, celebrada en Yugoslavia, como los favoritos al título, pero las disputas internas entre Cruyff y Willem van Hanegem, el capitán del Feyenoord, socavan las opciones de la Naranja Mecánica, que debe conformarse con una decepcionante —para sus expectativas— medalla de bronce. El oro será para Checoslovaquia, gracias a la inolvidable «cucharita» de Panenka en la tanda de penaltis que dirime la final.

El 9 de febrero de 1977, en un amistoso disputado en Wembley, Países Bajos ofrece ante los inventores del fútbol una lección magistral bajo la batuta de Cruyff, de quien Niccolò Mella escribe que «actúa como un verdadero creador de juego, e ilumina la escena orquestando toda las maniobras neerlandesas. Aperturas, pases filtrados, arrancadas a gran velocidad, regularidad formidable: un repertorio ilimitado. Si tuviera algo más de mala leche de cara a portería (un pequeño defecto ya señalado en otras ocasiones), sería impecable».[41] Sin embargo, después de conducir al equipo a la clasificación para el Mundial de 1978 —incluyendo, en el partido contra Bélgica, un fantástico gol de vaselina tras arrancar al borde del fuera de juego—, algo se tuerce.

De forma inesperada, a finales de 1977, Cruyff anuncia públicamente que no irá con la selección a Argentina, decisión que los aficionados, furiosos, achacarán a los caprichos de su esposa, Danny, a la que siempre han mirado con recelo por la constante injerencia del padre de esta en la vida de Johan; un poco como había ocurrido años antes en Inglaterra, cuando se culpó de la disolución de los Beatles a Yoko Ono y a Linda Eastman (y su padre abogado) por entrometerse en los asuntos de John Lennon y Paul McCartney, respectivamente.

Johan solo se justificaría treinta años después. En una entrevista concedida en abril de 2008 a una radio catalana[42] reveló que el 17 de septiembre de 1977 había sufrido un traumático intento de secuestro mientras se encontraba en su casa de Barcelona con toda la familia. Más tarde, en su autobiografía, agregará que decidió dejar el fútbol al no tener ya motivaciones para darlo todo por la selección; ese mismo año del Mundial argentino, cumplidos los treinta y uno, anuncia su primera retirada de los terrenos de juego, que, sin embargo, no iba a durar demasiado.

Tras la decepcionante Eurocopa de 1976, en la que nos eliminó Checoslovaquia en una espantosa semifinal, las dudas empezaron a crecer. Pero en 1977 volví a tener, por un momento, buenas sensaciones. Jugamos con la selección holandesa unos encuentros magníficos contra Inglaterra y Bélgica [...].

Entonces, ocurrió algo terrible. Era 17 de septiembre y yo estaba en casa, en un edificio de apartamentos, viendo un partido de baloncesto en el televisor, cuando lo que pensé que era un mensajero llamó al timbre. Pero cuando abrí la puerta me encontré con una pistola apretada contra mi cabeza y me obligaron a tumbarme bocabajo. Todos estábamos en casa. Los niños estaban en su cuarto y aquel hombre le dijo a Danny que se tumbara también.

[...] Me ató y me amarró a un mueble. Para hacerlo, tuvo que dejar la pistola un momento, y entonces Danny se levantó y salió de la habitación y del edificio. El cabrón la persiguió. [...] Hubo tantos gritos que se abrieron las puertas de todo el edificio. Enseguida le redujeron.

Los seis meses siguientes, más o menos, fueron espantosos. Teníamos vigilancia policial permanente. [...] El estrés era tal que no lo podía soportar. Ni siquiera podía liberarme un poco hablando de ello. La policía no paraba de repetir una y otra vez, por favor, no digas nada, porque podrías dar ideas a otros locos.

En esa situación no dejas sola a tu familia durante ocho semanas, así que no había manera de que yo fuera a Argentina con el equipo holandés. Si juegas un Mundial tienes que hacerlo totalmente concentrado [...].

¿Podríamos haber ganado si yo hubiera estado allí? Sinceramente, creo que tal vez sí. […] Ya lo habíamos demostrado el año anterior en Wembley, cuando ganamos a Inglaterra 2-0 y al día siguiente apareció en los periódicos este titular: «A total sight of football delight» («La imagen perfecta del placer del fútbol»). Una frase preciosa que jamás he olvidado.[43]

Los *Oranje,* privados de su elemento más talentoso, realizaron igualmente un gran Mundial y llegaron a rozar el título en la incandescente final de Buenos Aires, donde solo el poste impidió a Rob Rensenbrink sellar en el último minuto el más «dorado» de los goles para los desafortunados neerlandeses, derrotados en la prórroga, a las puertas de la Copa por segunda vez consecutiva.

Polémicas aparte, el once albiceleste que ganó la edición de 1978 como anfitrión era un equipo de solistas locos que durante ese mes dieron lo mejor de sí: Kempes se erigió en máximo goleador, Fillol paró lo imparable, Bertoni sedujo a los italianos de la Fiorentina… y también destacaron otras figuras como el sorprendente líbero Passarella, el organizador Ardiles, raquítico pero inmenso, y el bronco pero indestructible Tarantini.[44]

Aún no estaba Maradona, pero era un buen equipo dirigido por el gurú Menotti, técnicamente superior al que ocho años después, y solo gracias a las proezas del Pibe, se alzaría con el título en México 86.

Las relaciones de Cruyff con su selección terminaron en este punto, con 48 internacionalidades y 33 goles en total.[45] De nuevo en su autobiografía, reveló que nada había lamentado más en su carrera como entrenador que no haber podido dirigir a Países Bajos en el Mundial de Italia 90. En su lugar fue elegido Leo Beenhakker, algo de lo que Johan culpó a su gran maestro, Rinus Michels:

Lo único que me falta es ser seleccionador nacional. Y creo que ha sido el único fracaso real de mi carrera. […] Los internacionales estaban en la flor de sus carreras y, después de ganar la Eurocopa de 1988, estaban listos para el mayor éxito de la historia del fútbol holandés. Lo mismo podría decirse de mí como entrenador y, dada mi historia con el club y con el equipo nacional, esperaba que me eligieran. Incluso era de dominio público que lo queríamos tanto los jugadores como yo, porque nos habría permitido unir fuerzas para convertirnos, por fin, en campeones del mundo, como deberíamos haber hecho en 1974 y 1978. Pero no sucedió porque Michels tenía otras ideas. Contra los deseos de importantes internacionales como Ruud Gullit, Marco van Basten, Frank Rijkaard y Ronald Koeman, no fui tenido en cuenta.[46]

Volviendo a su retirada en 1978, fue su mánager y suegro Cor Coster quien, en buena medida para sanear una situación económica familiar que peligraba por una serie de malas inversiones por parte de Cruyff, finalmente lo convenció para trasladarse a Estados Unidos y volver a jugar al fútbol en la North American Soccer League (NASL), primero con Los Angeles Aztecs y luego con los Washington Diplomats, antes de regresar a España para vestir la camiseta del Levante, que entonces competía en segunda división, con el que llegó a disputar doce partidos entre Liga y Copa del Rey.

El regreso

He vuelto muchas veces a Estados Unidos. Un país interesante e inspirador, desde luego, en lo referente al deporte [...]. Fueron unos años magníficos, pero no me llenaban como futbolista. Quería más, podía dar más [...], así que decidí volver.[47]

El 16 de junio de 1981, Cruyff saltó al césped de San Siro con la camiseta del Milan, recién ascendido a la Serie A, para jugar el primer partido del Mundialito per Club[48] contra el Feyenoord, pero, operado de los aductores de la pierna izquierda apenas tres semanas antes, aún no estaba en condiciones; en el descanso fue sustituido por Francesco Romano y su posible fichaje por los *rossoneri* —después de que el *calcio* «reabriera las fronteras» el año anterior para admitir a un extranjero por equipo— no llegó a consumarse.

El 6 de diciembre volvió a sorprender al vestir de nuevo la camiseta del Ajax en el partido que los lanceros ganaron contra el Haarlem por 4-1; el día de su regreso, el ídolo marcó un gol memorable para inaugurar una etapa que se saldó con dos campeonatos de Liga y una Copa en apenas temporada y media, durante la cual compartió equipo con dos jovencísimas e incipientes figuras, Frank Rijkaard y Marco van Basten. Pero en el verano de 1983, con el doblete doméstico aún caliente, se conoció el bombazo: la leyenda del Ajax se iba… al eterno rival. En el Feyenoord, Cruyff tuvo la oportunidad de jugar junto a Ruud Gullit y, pese a hacerlo como líbero, posición inédita hasta entonces para él, acabó la temporada 1983/84 con trece goles entre todas las competiciones y ganando otro doblete: era la novena vez que el veterano crack se coronaba campeón de la Eredivisie y la sexta en el torneo copero.

La edad (treinta y seis años) y algunas lesiones de más habían llevado a los ingratos lanceros a despedir a su bandera, quien sin embargo no había dicho aún su última palabra. Deseoso de demostrar cuánto se había equivocado el Ajax en sus cálculos, Cruyff, cortejado por el PSV, aceptó en cambio la oferta que le llegaba desde Rotterdam, oficialmente porque esta ciudad quedaba más cerca de Ámsterdam que Eindhoven, pero probablemente también por un orgulloso afán de venganza que maduraba en su interior hacia el club que, después de tantos años de amor, lo había descartado.

Johan firmó con el Feyenoord un contrato «especial» que le garantizaba cinco florines por cada entrada vendida por encima de veinte mil, que era la asistencia media al estadio registrada la temporada anterior; tras la llegada de Cruyff, ascendería a los veinticinco mil espectadores, con un pico de sesenta mil en el gran duelo contra el Ajax.

«Es como si Arafat se convirtiera en presidente de Israel», dijo un aficionado del Feyenoord. El guionista David Kleijwegt ha llegado a contar que su madre, una histórica de la Legión,[49] se daba la vuelta cada vez que Cruyff tocaba la pelota en De Kuip.

Johan y su antiguo equipo se enfrentan por primera vez el 19 de septiembre de 1983 en el Olímpico de Ámsterdam, donde los lanceros arrollan por 8-2, la mayor goleada en la historia de *De Klassieker;* sin embargo, en la segunda vuelta, el 26 de febrero de 1984, De Kuip ve cómo los suyos se imponen 4-1; el 2-0 —precisamente en el minuto 14— será el primer y último gol que Cruyff le marque al Ajax.

En palabras de Danilo Budite, estos éxitos crepusculares de Johan con el Feyenoord pueden calificarse como «agridulces, diferentes de los que cosechó con la camiseta de los lanceros, que fueron fruto del amor; los últimos, sin embargo, nacieron de la rabia, que en el fondo no es sino la otra cara, decepcionada y humillada, del amor».[50]

Al final de esa temporada triunfal, a la edad de treinta y siete años, Cruyff cuelga las botas, ahora sí, de verdad, definitivamente.

También Pelé había dicho adiós al fútbol a los treinta y siete años, tras jugar su último partido con el Cosmos de Nueva York el 1 de octubre de 1977; por su parte, Maradona, quien precisamente en el verano de 1984 acababa de llegar a Nápoles, esperaría hasta los cuarenta y uno para despedirse simbólicamente, el 10 de noviembre de 2001, después de un encuentro Argentina-Resto del Mundo celebrado en La Bombonera de Boca Juniors que terminó 6-3 a favor de los albicelestes.[51]

Más que un entrenador

*Esa ha sido siempre la esencia del Fútbol Total,
hacer siempre lo que ves. Y nunca lo que no ves.
En otras palabras, siempre debes tener visión global
y siempre debes poder ver el balón.*[52]

Transcurridos doscientos días desde su segunda y definitiva retirada como jugador, el 6 de junio de 1985 Cruyff recibe la llamada del Ajax para reemplazar a Aad de Mos en el cargo de entrenador, a pesar de no tener aún la licencia federativa, y nunca una decisión resultará tan feliz: en el banquillo de los lanceros, Cruyff gana dos Copas de los Países Bajos consecutivas (1986 y 1987) y, después de catorce años sin títulos en competiciones europeas para las vitrinas del club, la Recopa, conquistada en Atenas el 13 de mayo de 1987 tras imponerse al Lokomotive Leipzig, de Alemania Oriental, gracias a un gol de Marco van Basten. Con todo, Johan decide, sorprendentemente, dejar Ámsterdam para repetir, quince años más tarde, el mismo viaje que había hecho como futbolista, y el 5 de mayo de 1988 se compromete a ser el nuevo entrenador del Barcelona a partir de la siguiente temporada.

El holandés toma también las riendas de la secretaría técnica y reconstruye totalmente el equipo, después de unos años sin demasiadas alegrías; uno de los ídolos de la afición, el rubio alemán Bernd Schuster, ficha por el Real Madrid, pero los azulgranas incorporan una serie de jugadores que darán un excelente rendimiento: Miquel Soler, José Mari Bakero, Julio Salinas, Txiki Begiristain, entre otros; en sus ocho años al frente del equipo catalán, Cruyff sabrá hacer explotar a estrellas en ciernes como Pep Guardiola o Jon Andoni Goikoetxea y sacar lo mejor de otras ya consolidadas como Ronald Koeman, Michael Laudrup o el fenomenal búlgaro Hristo Stoickhov, Balón de Oro en 1994.

Con Cruyff al mando, el Barça, convertido ahora en el *Dream Team,* alcanza cotas inéditas de resultados y títulos: gana cuatro Ligas consecutivas, una Copa del Rey, una Recopa y, por encima de todo, la ansiada Copa de Europa en su última edición antes de transformarse en Liga de Campeones. En una histórica final en Wembley —de nuevo Wembley—, la Sampdoria de Vujadin Boskov, pese a contar con la temible dupla atacante formada por Roberto Mancini y Gianluca Vialli, caerá por 0-1 gracias a un gol de falta de Ronald Koeman al cabo de 112 minutos.

Tras la conquista de la última Liga, el gran ciclo culé se cierra en Atenas, el 18 de mayo de 1994, con la corrosiva derrota en la final de la Liga de Campeones frente al Milan de Fabio Capello, que inflige al Barça un aplastante 4-0 a pesar de no contar con dos de sus baluartes, Baresi y Costacurta, ambos lesionados. Destituido el 18 de mayo de 1996 como técnico azulgrana, Cruyff anuncia su retirada de la primera línea del fútbol por cuestiones de salud; en 1991, después de sufrir un amago de infarto y de que se le aplicara un doble *bypass* coronario, se había convertido en el emblema de una célebre campaña antitabaco en la que decía: «En mi vida he tenido dos grandes vicios. Fumar y jugar al fútbol. El fútbol me lo ha dado todo. En cambio, fumar casi me lo quita».

Pero un tipo como él, evidentemente, no iba a permanecer demasiado tiempo inactivo, limitándose a ejercer de comentarista o de invitado de lujo en distintos eventos. Así, el 20 de febrero de 2008, se convierte en director deportivo del Ajax con Van Basten como entrenador, y al año siguiente, el 2 de noviembre de 2009, sorprende por última vez al mundo del fútbol: después de trece años de ausencia, Johan Cruyff emprende una nueva aventura en los banquillos, ahora como seleccionador catalán. El debut no puede ser mejor: el 22 de diciembre, en el Camp Nou, Cataluña vence a Argentina por 4-2.

En la estela de este nombramiento, el 26 de marzo de 2010, el Barça —que, bajo la batuta del antiguo alumno Guardiola, vive el mejor momento de su historia— anuncia la investidura del holandés como presidente de honor, dignidad que, sin embargo, le será revocada a los pocos meses con la llegada de una nueva directiva, encabezada por Sandro Rosell. Así, siguiendo su ya proverbial ida y vuelta entre las dos ciudades de su vida, el 11 de febrero de 2011 Cruyff regresa al Ajax para asumir las funciones de director deportivo por segunda vez.

Durante esta nueva experiencia en Ámsterdam, una serie de disputas internas llevarán al director general del club, Rick van den Boog, a dimitir, y desde el 7 de junio Cruyff se convierte en miembro de la junta directiva de los lanceros junto con otra leyenda franjirroja —y también con pasado barcelonista—, Edgar Davids. Pero, incluso después de haber superado el umbral de los sesenta años, Johan demuestra que no ha perdido el proverbial «carácter» que lo ha llevado a discutir con todo el mundo.

Cuando hago una pregunta, […] no necesito todos los detalles; siempre que reciba las respuestas adecuadas de las personas adecuadas estaré un paso por delante de alguien que quizá sabe más de algo, pero que dispone de menos información. Por eso, como entrenador, creé un equipo lo más grande posible para que se hiciera responsable de todos los elementos del entrenamiento y la preparación. No se trataba de ser el jefe y asignar tareas, sino de asegurarse que otras personas que eran mejores en algo que yo lo tuvieran también más fácil para llevar las cosas a cabo. […] Por desgracia, pocos directivos son lo suficientemente abiertos de mente para trabajar así. Muchas veces ves sus ganas de llamar la atención mientras otros hacen el trabajo, y en todos mis años en el fútbol eso es algo que no he entendido nunca. Como siempre he dicho, tienes que dejar que los expertos hagan su trabajo. Después de todo, si te duelen las muelas, vas al dentista, porque es el que sabe de dientes. Y si no ves del todo bien, acudes al oculista, porque ese tipo sabe de ojos. En fútbol debería ser exactamente igual.[53]

En noviembre del mismo año, de hecho, Cruyff se queja públicamente de no haber sido informado de la contratación de algunos asesores, comentando la decisión de la junta con la frase: «Aquí se han vuelto locos». En ese momento, dimite de su cargo y también rompe relaciones con Davids, quien llegará a acusarlo de dirigirse a él con epítetos racistas.

El 15 de febrero de 2012, Cruyff es presentado como secretario técnico del Guadalajara, club de la liga mexicana. El presidente, Jorge Vergara, le confía plenos poderes, y una de las primeras decisiones del holandés es la contratación de su antiguo compañero de equipo John van 't Schip como entrenador; sin embargo, las Chivas pierden los dos partidos de la primera eliminatoria de la Liguilla, la fase final del campeonato doméstico, y el 2 de diciembre, menos de diez meses después de su llegada, el club anuncia la rescisión del contrato de Johan por no alcanzar los objetivos marcados.

El 2 de enero de 2013 Cruyff dirige por última vez a la selección catalana en el empate 1-1 con Nigeria. Tras el partido, jugado en Cornellà, renuncia, y así termina, definitivamente, su carrera como técnico. Aún volverá al Ajax, pero como mero asesor; el 16 de noviembre de 2015 también renuncia a ese cargo por diferencias con la junta directiva. Ya había encarado la recta final de su camino: el 22 de octubre, Johan comunicó públicamente que padecía un cáncer de pulmón que le causaría la muerte solo cinco meses después, el 24 de marzo de 2016, en Barcelona, a los sesenta y ocho años.

La lección

El fútbol es fácil, pero es difícil jugar fácil.

Tras el subcampeonato mundial en 1974, Cruyff fue nombrado caballero de la Orden de Orange-Nassau, la más alta distinción que otorga el Reino de los Países Bajos, y se convirtió en miembro honorífico de la Real Asociación Neerlandesa de Fútbol. En 2003, el Premio al Talento Neerlandés del Año, que reconocía al mejor jugador de la Eredivisie menor de veintiún años, fue sustituido por el Premio Johan Cruyff, que eliminaba el requisito de edad y pasaba a evaluar al ganador en función de catorce criterios.[54] En 2007, con ocasión del sexagésimo cumpleaños de la leyenda, el Ajax retiró oficialmente el dorsal 14. Y en 2010, en honor de aquel a quien sus compatriotas habían votado como la sexta figura más importante de la historia de la nación, incluso un asteroide, el 14282, fue bautizado con su nombre.

Lo que más enorgullecía a Johan en sus últimos años era haber creado una organización benéfica, la

Cruyff Foundation, que coordina escuelas de fútbol y organiza torneos patrocinados por el diario neerlandés *De Telegraaf,* así como el Johan Cruyff Institute, que cuenta con tres sedes en los Países Bajos y ofrece a deportistas de alto nivel la posibilidad de cursar un programa de cuatro años de especialización en gestión y economía en el ámbito deportivo.

Al final de su autobiografía, que hoy leemos como el testamento de alguien sabía que iba a morir pronto, escribió:

> Una vez me preguntaron cómo querría que me recordaran dentro de cien años. Por suerte no tengo que agobiarme con el asunto porque yo ya no estaré aquí. Pero si tuviera que dar una respuesta, sería algo del estilo de «como un deportista responsable». Si me juzgaran solamente como futbolista, eso no cubriría más que quince o veinte años de mi vida y, sinceramente, me parece demasiado limitado. [...] Mientras otros decían: me voy a trabajar, yo me iba a jugar al fútbol. Esa suerte tuve. Por eso, las demás cosas que he hecho en la vida tienen más peso para mí. Pero lo cierto es que no siempre me han entendido. Ni como futbolista, ni como entrenador ni tampoco lo que hice después. Pero bueno, Rembrandt y Van Gogh tampoco fueron comprendidos. Esto es lo que aprendes: la gente no deja de molestarte hasta que te conviertes en un genio.[55]

Eso fue Johan Cruyff: una vida dedicada al fútbol. Y, volviendo a la pregunta inicial sobre quién es el mejor jugador de todos los tiempos, creo que es estúpido comparar, en cualquier disciplina, deportistas que han cosechado éxitos en diferentes épocas —el fútbol que se juega hoy no es el que se jugaba hace cincuenta años—, pero estoy convencido de que Cruyff ha sido el más elegante y el que tuvo el mejor sentido de la posición en el campo. «Pitágoras con botas», como dijo el periodista británico Dave Miller.

Notas

[1]   Definición del siglo XX formulada por el historiador británico Eric Hobsbawm.

[2]   Mostrado por primera vez durante el partido contra Suecia en el Mundial de 1974. *My turn* será, precisamente, el título de la edición en inglés de su autobiografía, publicada en 2016. [*N. del E.:* Para todos los fragmentos de la misma citados en el presente volumen, reproducimos la traducción española de E. Bernárdez Sanchís publicada en J. CRUYFF, *14. La autobiografía,* Booket, Barcelona, 2017].

[3]   J. CRUYFF, *14…* [2017:281].

[4]   Alfredo Stéfano Di Stéfano Laulhé (Buenos Aires, 4 de julio de 1926-Madrid, 7 de julio de 2014) jugó con las selecciones nacionales de Argentina y España, fue dos veces Balón de Oro (1957 y 1959) y, al cierre de esta edición, es el séptimo máximo goleador histórico de la Liga española, con 227 goles en 329 partidos entre 1953 y 1964.

[5]   Declaraciones tomadas del documental *I miti del calcio: Johan Cruyff,* distribuido por *La Gazzetta dello Sport.*

[6]   D. WINNER, *Brilliant Orange: The Neurotic Genius of Dutch Football,* Bloomsbury, Londres, 2000.

[7]   Fue así hasta 1995, cuando se modificaron los requisitos de forma que pudiera optar al premio cualquier futbolista sin importar la nacionalidad. Así, en la edición de ese año, el Balón de Oro recayó sobre el liberiano George Weah. Di Stéfano pudo ganarlo en 1957 y 1959 gracias a que tenía la ciudadanía española desde 1956. *(N. del E.).*

[8]   F. Buffa, C. Pizziconi, «Prefazione», en J. Cruyff, *La mia rivoluzione. L'autobiografia,* F. Panzeri (tr.), Bompiani, Milán, 2018.

[9]   Fue una encuesta realizada por la emisora de radio pública KRO para el programa *De Grootste Nederlander* («El neerlandés más grande»).

[10]   El día de la muerte de Cruyff, un veinteañero, Alessandro Molinari, escribió en Facebook:

«Me bastaron los primeros siete segundos de un vídeo de YouTube para enamorarme. Él, que llega corriendo por la banda izquierda, uniforme blanco y botas negras, el 14 a la espalda, controla con el exterior un balón llovido tras un rebote, y mientras tanto encara al adversario. Luego se para, la pisa, amaga hacia la derecha y finta con el cuerpo. ¡Cuánta inspiración! ¡Cuánta elegancia en el toque! Cuánta imaginación e inteligencia; nunca había visto a ningún futbolista de semejante clase. Hoy uno ve jugar al Barcelona y se le iluminan los ojos. Pues bien, "estos" juegan al fútbol que trajo Cruyff cuando fue primero futbolista y luego entrenador del equipo catalán».

[11]   *El profeta del gol* [*Il profeta del gol*], Sandro Ciotti (dir.), 1976. El documental puede encontrarse tanto en versión original como doblado al castellano en YouTube y otras plataformas.

[12]   M. Prati, «22 dicembre 1973 – Il giorno de "El Gol imposible"», *Gli Eroi del Calcio,* 21 de diciembre de 2021 [en línea: www.glieroidelcalcio.com/22-dicembre-1973-il-giorno-de-el-gol-imposible/].

[13] Participaron los militantes Iñaki Pérez Beotegui, «Wilson»; José Miguel Beñarán Ordeñana, «Argala»; José Ignacio Abaitua Gómez, «Marquín»; Javier María Larreategui Cuadra, «Atxulo»; José Antonio Urruticoechea Bengoechea, «Josu Ternera»; y Juan Bautista Eizaguirre Santiesteban, «Zigor». De estos, Argala (que en euskera significa «flaco») fue asesinado en 1978 en Anglet, Francia, en un atentado con bomba a manos del Batallón Vasco Español, formación paramilitar de extrema derecha integrada por exmiembros de las fuerzas armadas españolas del periodo franquista.

[14] «20 dicembre 1973 – Vola, Carrero Blanco, vola…», *Osservatorio Repressione,* 20 de diciembre de 2025 [en línea: www.osservatoriorepressione.info/20-dicembre-1973-vola-carrero-blanco-vola/].

[15] Los ejecutores fueron Iñaki Sarasketa y «Txabi» Etxebarrieta, que resultó muerto en un tiroteo con la guardia civil horas más tarde.

[16] El 27 de septiembre de 1975, el régimen había ejecutado a José Humberto Baena, José Luis Sánchez Bravo, Ramón García Sanz (militantes del FRAP), Juan Paredes Manot «Txiki» y Ángel Otaegui (estos últimos de ETA). La UEFA otorgó la victoria en la ida por 0-3 al Barcelona, que en la vuelta, el 5 de noviembre, se impuso en el Camp Nou por 4-0, el segundo gol obra de Cruyff.

[17] J. CRUYFF, *14*… [2017:7].

[18] Uno de los apodos con los que se conoce al club, ya que el principal atributo de Áyax, el héroe mitológico griego del que toma su nombre, era la gran lanza con la que marchaba en la batalla. *(N. del T.)*.

[19] «Rompió los cristales de las ventanas a todos los vecinos», bromeará años después la madre en la entrevista que se recoge en *El profeta del gol.*

[20] J. Cruyff, *14...* [2017:12-13].

[21] *El profeta del gol* [1976].

[22] Aparte de Cruyff, de la plantilla neerlandesa que en 1974 conquistará al mundo —aunque no la Copa— solo encontramos en aquella formación del Ajax al lateral derecho Wim Suurbier.

[23] J. Cruyff, *14...* [2017:31-32].

[24] *Ibidem,* pp. 33-34.

[25] El 16 de mayo de 2001 se disputó en Dortmund la memorable final de la Copa de la uefa que vio prevalecer por 5-4 —al cabo de 116 minutos y gracias a un autogol de oro— al favorito Liverpool del talentoso Owen sobre el humilde Deportivo Alavés, entrenado por José Manuel Esnal «Mané» y reducido a nueve hombres tras sufrir dos expulsiones; Jordi Cruyff fue uno de los protagonistas, al anotar en el último minuto del tiempo reglamentario el gol babazorro que establecía el 4-4 y enviaba el partido a la prórroga.

[26] J. Cruyff, *14...* [2017:48-49].

[27] *Ibidem,* p. 37.

[28] Se trata del Ajax-PSV Eindhoven del 30 de octubre de 1970, que terminó con victoria local por 1-0.

[29] J. Cruyff, *14...* [2017:58-59].

[30] Ajax: Stuy, Neeskens, Hulshoff, Vasovic, Suurbier, Rijnders (46' Blankenburg), Mühren, Cruyff, Swart (46' Haan), Keizer, Van Dijk. Panathinaikos: Ikonomopoulos, Tomaras, Kapsis, Sourpis, Vlahos, Kamaras, Eleftherakis, Domazos, Grammos, Fylakouris, Antoniadis.

[31] Ajax: Stuy, Suurbier, Hulshoff, Blankenburg, Krol, Neeskens, Haan, Mühren, Swart, Cruyff, Keizer. Inter: Bordon, Bellugi,

Giubertoni (12' Bertini), Burgnich, Facchetti, Bedin, Oriali, Mazzola, Jair (59' Pellizzaro), Frustalupi, Boninsegna.

32   J. Cruyff, *14…* [2017:40]. El partido contra el ADO Den Haag se disputó el 2 de enero.

33   Ajax: Stuy, Suurbier, Hulshoff, Blankenburg, Krol, Neeskens, Mühren, Haan, Rep, Cruyff, Keizer. Juventus: Zoff, Marchetti, Longobucco, Furino, Morini, Salvadore, Altafini, Causio (Cuccureddu), Anastasi, Capello, Bettega (Haller).

34   J. Cruyff, *14…* [2017:259].

35   *Ibidem,* pp. 79; 81.

36   Y no, como siempre se ha dicho, su marcador directo Berti Vogst, que en aquella jugada ni siquiera pudo alcanzarlo.

37   Alemania Occidental: Maier, Schwarzenbeck, Breitner, Vogst, Beckenbauer, Hoeness, Bonhof, Overath, Grabowski, Holzenbein, Müller. Países Bajos: Jongbloed, Suurbier, Haan, Rijsbergen, Krol, Jansen, Neeskens, Van Hanegem, Rep, Rensenbrink, Cruyff.

38   «Italia – Olanda anni '70: Quando Cruijff ci mise k.o.», *Storie di Calcio,* 19 de noviembre de 2015 [en línea: www.storiedicalcio. altervista.org/blog/italia_olanda_70.html].

39   J. Cruyff, *14…* [2017:72].

40   *Ibidem,* pp. 79-81.

41   N. Mello, «1977 Inghilterra-Olanda 0-2», *Game of Goals,* 20 de septiembre de 2014 [en línea: www.gameofgoals.it/2014/09/20/ 1977-inghilterra-olanda-0-2.html].

42   Entrevista de Antoni Bassas a Johan Cruyff en *El matí de Catalunya Ràdio,* 15 de abril de 2008 [audio en línea: www.3cat.cat/ 3cat/johan-cruyff/audio/241651/].

[43]   J. Cruyff, *14…* [2017:72-73; 75].

[44]   Argentina: Fillol, Olguín, Galván, Passarella, Tarantini, Gallego, Ardiles, Kempes, Bertoni, Ortiz, Luque. Países Bajos: Jongbloed, Jansen, Krol, Brandts, Poortvliet, Haan, Neeskens, Willy van de Kerkhof, René van de Kerkhof, Rensenbrink, Rep.

[45]   Números muy similares a los del plusmarquista de la selección italiana, Gigi Riva (35 goles en 42 partidos).

[46]   J. Cruyff, *14…* [2017:257].

[47]   *Ibidem,* p. 105.

[48]   También denominado Coppa Super Clubs o Coppa Supermondiale Clubs, fue un torneo veraniego organizado por la cadena de televisión Canale 5, propiedad de Silvio Berlusconi. La primera edición fue, precisamente, la de 1981, y aún se celebraron tres más en los años impares hasta la última, en 1987. *(N. del E.).*

[49]   Grupo ultra del Feyenoord, *Het Legioen* en su denominación original.

[50]   D. Budite, «Storie di mercato: Johan Cruijff al Feyenoord», *Minuti di Recupero,* 15 de julio de 2021 [en línea: www.minutidirecupero. it/johan-crujff-feyenoord.html].

[51]   Aunque su retirada se escenificara en esa ocasión, el último partido de competición oficial en el que participó Maradona tuvo lugar el 25 de octubre de 1997. Fue un Superclásico River-Boca celebrado en el Monumental por la décima fecha del Torneo Apertura, que se saldó con la victoria por 1-2 de los visitantes. Maradona, que capitaneó de inicio a Boca, disputó solamente la primera parte, tras la cual acordó con el técnico xeneize ser sustituido. Al descanso, River ganaba 1-0. Cinco días después, el argentino habló: «Con todo el dolor del alma

ha llegado el momento de anunciar mi retiro. Se terminó el jugador de fútbol. Nadie está más triste que yo. [...] Este retiro es definitivo, me lo pidió mi viejo llorando». Aquel 30 de octubre Diego cumplía, precisamente, treinta y siete años. *(N. del E.)*.

[52] J. Cruyff, *14...* [2017:59].

[53] *Ibidem,* pp. 250-251.

[54] Los catorce criterios son: técnica, táctica, visión de juego, control del balón, pase, disparo, juego áereo, creatividad, responsabilidad, iniciativa, espíritu de equipo, capacidad de liderazgo, personalidad y compromiso social. El primer galardonado fue Arjen Robben. En 2024, *France Football* instituyó el trofeo Johan Cruyff al mejor entrenador del año, cuyos primeros ganadores fueron Carlo Ancelotti en categoría masculina y Emma Hayes en categoría femenina. *(N. del E.)*.

[55] J. Cruyff, *14...* [2017:312].

Índice

«El fútbol es la última representación sagrada de nuestro tiempo. Es rito en el fondo, y también es evasión».

Pier Paolo Pasolini